Liebe Leserin, lieber Leser!

Kommunion und Konfirmation sind religiöse Feste, bei denen Ihr Kind im Mittelpunkt der Familie, der Paten, der Freunde und der ganzen Gemeinde steht.

Selbstgebastelte Einladungskarten, festliche Kerzen und ein liebevoll gestalteter Tischschmuck unterstreichen die besondere Bedeutung dieser feierlichen Ereignisse.

Ich möchte Ihnen in diesem Buch einige Anregungen für die moderne Gestaltung von Karten und Danksagungen geben. Hierzu finden Sie christliche Symbole wie Fisch, Kreuz und Kelch, aber auch neutrale Motive wie Blüten, Kinder oder Regenbogen. Daneben erhalten Sie passende Gestaltungsideen zu Kommunion- und Tischkerzen sowie Windlichtern.

Lassen Sie das Kommunionkind oder den Konfirmanden bei der Auswahl der Motive mit entscheiden und gestalten. So werden Sie schon die Zeit der Festvorbereitung als unvergessliche Bereicherung empfinden.

Viel Spaß beim gemeinsamen Aussuchen,
Basteln und Dekorieren wünscht Ihnen

Sigrid Heinzmann

Inhalt

- **4** Material, Tipps und Tricks
- **5** Grundkurs Kerzen gestalten
- **6** Baum des Lebens
- **8** Edel in Orange
- **10** Lebendiger Fisch
- **14** Brot und Wein
- **16** Hoffnung für alle
- **18** Abendmahlskelch
- **22** Blütenzauber
- **24** Aufgehende Sonne
- **26** Kinder Gottes
- **30** Zart und kräftig
- **32** Impressum & Herstellerverzeichnis

Material und Werkzeug

Grundmaterial
- Bleistift, Lineal
- Zirkel oder Kreisschablone
- Radiergummi
- Transparentpapier
- Papierschere, Cutter
- Schneideunterlage
- transparenter Klebstoff, Klebestift, Klebefilm, Sprühkleber
- Falzbein

Vorlagen übertragen
Das Transparentpapier auf die Vorlage legen und mit einem Bleistift die Motivlinien nachzeichnen. Das Transparentpapier wenden und auf den entsprechenden Karton oder das angegebene Papier legen. Mit Bleistift die Linien kräftig nachziehen, damit sich die Konturen auf Karton oder Papier gut abdrücken. Nun das Motiv entlang den Konturen ausschneiden.

Schablonen herstellen
Wird ein Motiv mehrfach benötigt, sollte eine Schablone hergestellt werden. Dazu die Vorlage wie oben beschrieben übertragen und ausschneiden. Dann auf festen Karton oder Pappe kleben und ausschneiden.

Karten falten und zuschneiden
Die meisten der im Buch verwendeten Karten werden im Bastelfachhandel als Doppelkarten angeboten. Alternativ können diese auch aus Fotokarton zugeschnitten werden. Damit Faltungen in Fotokarton und starken Papieren sauber ausfallen, die Faltlinien mit dem Cutter zuerst anritzen und dann falten.

Klebstoffe
Pappe und Papiere generell mit Alleskleber aufkleben. Für dünne Papiere, Strohseide und Bänder Klebestifte verwenden. Zum großflächigen Kleben eignen sich Klebefolie oder Sprühkleber.

Embossing
Eine wirkungsvolle Alternative zu von Hand gesetzten oder am PC gestalteten Schriftzügen bzw. Klebeschriften sind mit Embossing gefertigte Schriften. Dazu den gewünschten Stempel leicht mit dem Stempelkissen einfärben und auf die Karte stempeln. Den feuchten Abdruck mit Embossingpulver bestreuen, bis der Abdruck vollständig bedeckt ist. Das überschüssige Pulver abklopfen und in die Dose zurückschütten. Das aufgetragene Embossingpulver mit einem Heißluftfön oder Toaster erhitzen, bis das Pulver schmilzt und eine glatte, glänzende Oberfläche entsteht.

Grundkurs Kerzen gestalten

Das Transparentpapier auf den Vorlagenbogen legen und mit einem Bleistift die Form durchzeichnen.

Transparentpapier auf einen Bastelkarton legen, Kohlepapier dazwischen schieben und die Vorlagenform durchpausen. Papiere dabei mit Büroklammern fixieren.

Die Schablone aus dem Bastelkarton ausschneiden, auf die Wachsplatte legen und das Motiv mit dem Skalpell aus dem Wachs ausschneiden.

Linke Seite des Randes auf der Rückseite der Kerze befestigen. Rechte Seite festhalten und die Kerze nach links rollen. Vor dem Festdrücken mit der stumpfen Seite des Skalpells in gerade Position rücken.

Baum des Lebens

Material:

- Grundmaterial (Seite 4)
- Doppelkarte A6 in Elfenbein, 210 x 148 mm
- Doppelkarte B6 in Elfenbein, 232 x 168 mm
- Tonpapier in Hellgelb, Apricot, Orange und Rotorange
- Strukturkarton in Hellgrün und Grün
- Regenbogen-Karton im Farbverlauf Hellgrün-Grün
- Fotokarton in Hellgrün und Rotbraun
- Motivlocher „Blatt", Ø 2,6 cm
- Stempel mit verschiedenen Schriftzügen
- schwarzes Stempelkissen
- Fineliner in Schwarz
- Abstandsklebepads

Vorlagen 1a–e, Bogen A

Karten

1. Tonpapier zuschneiden: für die Einladungskarte je 1-mal in Hellgelb, Apricot, Orange und Rotorange 4 x 5 cm, für die Dankeskarte je 1-mal in Apricot und Orange 2,5 x 14,8 cm sowie 1-mal in Hellgelb 5,3 x 14,8 cm.

2. Mit dem Motivlocher Blätter aus Struktur- und Regenbogenkarton stanzen. Den Baumstamm (Vorlage 1a) auf rotbraunen Fotokarton übertragen und ausschneiden.

3. Die vorbereiteten Tonpapierzuschnitte laut Abbildung auf die entsprechenden Karten kleben und mit Fineliner schwarz einrahmen. Hierzu ein Lineal zu Hilfe nehmen. Anschließend die Baumstämme mit Klebepads auf den Karten platzieren. Die einzelnen Blätter ebenfalls mit Klebepads zu einer Baumkrone anordnen. Falls nötig, die Pads mit dem Messer halbieren.

4. Zuletzt den gewünschten Schriftzug auf die Karten stempeln und trocknen lassen.

Tischbäumchen

1. Für die Baumscheibe zwei Kreise (Ø 6,5 cm) aus hellgrünem Fotokarton zuschneiden und aufeinanderkleben. Den Abstandshalter (Vorlage 1b) aus rotbraunem Tonkarton zuschneiden. Den Baumstamm (Vorlage 1c) zweimal fertigen, jeweils an der Faltlinie falzen und zusammenkleben.

2. Die Baumscheibe zwischen den beiden Baumstammspitzen einkleben. Diese wiederum von innen mit dem Abstandshalter verbinden.

3. Erneut Blätter stanzen und mit Klebestift bzw. Klebepads auf und hinter der Baumscheibe verteilt aufkleben.

4. Die Teile für das Namensschild (Vorlage 1d) aus Strukturkarton in Grün und Hellgrün zuschneiden, aufeinanderkleben, mit Fineliner beschriften und auf dem Stamm anbringen.

5. Für die Bodenplatte hellgrünen bzw. grünen Strukturkarton gemäß Vorlage 1e zuschneiden, aufeinanderkleben und den Baum darauf stellen.

Edel in Orange

Material:

- Grundmaterial (Seite 4)
- Prägepapier in Orange
- Blüten-Transparentpapier, beflockt, in Weiß
- Tonkarton in Orange
- Alukarton in Silber
- verschiedene Klebeschriften in Silber
- Stickerbogen „Zierstreifen" in Silber
- doppelseitiges Klebeband, transparent
- Organzaband in Weiß, 6 mm breit
- Abstandsklebepads
- Plastikkreuze in Silber, 3 und 5 cm lang

Vorlagen 2a–i, Bogen A

1. Für die Einladungskarte zunächst die Grundkarte (Vorlage 2a) auf orangefarbenes Prägepapier übertragen. Die innere Lage (Vorlage 2b) auf Blüten-Transparentpapier bringen. Alle Teile ausschneiden, die Einschnitte mit dem Cutter vornehmen.

2. Grundkarte und Einlage falten, ineinander legen und punktuell mit doppelseitigem Klebeband fixieren. Den inneren Kartendeckel (Vorlage 2c) aus Alukarton zuschneiden und mit der Glanzseite von hinten gegen das Transparentpapier kleben.

3. Für das Schild auf dem Kartendeckel je ein Rechteck (4 x 5 cm) aus orangefarbenem Karton und Alukarton zuschneiden, zuerst mit Klebepads aufeinander- und dann auf die Karte kleben. Anschließend das silberne Kreuz und die Zierstreifen ergänzen.

4. Klebeschrift und Ornamentsticker aufsetzen. Das Organzaband durch die Schlitze ziehen und zu einer Schleife binden.

5. Für die Menükarte die Teile der Grundkarte (Vorlage 2d+e) auf orangefarbenes Prägepapier, die inneren Kartendeckel (Vorlage 2f) auf Blüten-Transparentpapier bzw. Alukarton übertragen. Einen 4 x 10,5 cm großen Streifen und eine Laschenverzierung (Vorlage 2g) aus Blüten-Transparentpapier fertigen. Alle Teile ausschneiden, die Einschnitte für die Lasche mit dem Cutter vornehmen.

6. Die Teile der Grundkarte falten und zusammenkleben. Die inneren Kartendeckel schichtweise von innen einkleben. Blütenstreifen und Laschenverzierung mit Klebeband auf der Karte anbringen. Das Schild mit dem Kreuz aufkleben. Klebeschrift und Zierstreifen ergänzen.

7. Für die Tischkarte die Grundkarte (Vorlage 2h) zu einem Aufsteller falten. Die inneren Kartendeckel (2i) wie oben beschrieben einkleben. Die verzierten Rechtecke (2 x 3,8 cm) mit doppelseitigem Klebeband auf der Karte fixieren. Zuletzt die Klebeschrift ergänzen.

Lebendiger Fisch

Material:

- Grundmaterial (Seite 4)
- Strukturkarton in Elfenbein
- Tonpapier in Mintgrün und Türkis
- Maulbeerbaumpapier in Blau und Mint
- Transparentpapier in Mint
- Strohseide in Weiß
- Stempel mit verschiedenen Schriftzügen
- türkisfarbenes Stempelkissen
- Stickerbogen „Streifen" in Silber
- Gelliner in Silber
- Strasssteine in Kristall, Ø 2 und 3 mm
- Aquarellbuntstifte in Mint und Ocker
- Baumwollkordel in Blau, 2 mm dick
- Glasperlen in Blau, Ø 5 mm
- Effektdraht in Silber
- Abstandsklebepads
- Filzstift in Hellblau
- doppelseitiges Klebeband
- Windlicht

Vorlagen 3a–d, Bogen A

Karten

1. Die Karten aus dem Strukturkarton auf die Größe 17 x 24 cm (Einladungskarte) und 21 x 21 cm (Menükarte) zuschneiden und mittig falten. Die Ränder des Kartendeckels jeweils mit Buntstiften in Mint oder Ocker hervorheben.

2. Nun das mintgrüne Tonpapier auf 10 x 12 cm (Einladungskarte) bzw. 7,5 x 21 cm (Menükarte) zuschneiden. Die Längsseiten von Hand wellenförmig reißen und auf die jeweilige Karte kleben. Strohseide von 6 x 20 cm (Einladungskarte) bzw. 6,5 x 26 cm (Menükarte) in leichte Falten legen und jeweils mittig über den Tonpapierstreifen kleben.

3. Die Fische nach Vorlage 3a bzw. 3b aus Maulbeerbaumpapier zuschneiden, mit Gelliner umranden und mit Klebepads auf der Karte platzieren. Einen kleinen Strassstein als Auge aufkleben. Kopf und Körper optisch mit Streifenstickern trennen. Weitere große und kleine Strasssteine auf der Karte verteilt aufkleben.

4. Schriftzug aufstempeln. Ein Einlegeblatt aus Tonpapier mit der Kordel fixieren. Die Bandenden nach Wunsch mit Perlen verzieren.

Serviettenhalter

Fisch und Schild nach Vorlage (3c) aus Maulbeerbaumpapier bzw. Strukturkarton zuschneiden. Den Rand des Schildes mit Buntstift betonen. Den Fisch wie oben beschrieben gestalten. Einen Streifen Strukturpapier von 14 x 4 cm zu einem Ring zusammenkleben. Mit Filzstift den Schriftzug aufmalen. Den Fisch auf das Schild und dieses auf den Ring kleben.

Windlicht

Einen Streifen mintfarbenes Transparentpapier entsprechend Glashöhe und -umfang zuschneiden und mit doppelseitigem Klebeband am Glas fixieren. Tonpapier und Strohseide sowie das Fischmotiv (Vorlage 3d) wie oben beschrieben vorbereiten und auf die Umhüllung kleben. Mit dem Draht kleine Perlen aufziehen und zusammen mit der blauen Kordel um das Glas wickeln.

Material:

- Kommunionkerze in Weiß, 400 x 50 mm
- Tischkerze in Weiß, quadratisch, 150 x 80 mm
- Wachsplatten in Weiß, Mint, Lavendel, Lichtblau, Hellblau und Blau
- 1-mm-Verzierwachsband in Silber, flach
- 2-, 3- und 4-mm Verzierwachsband in Silber, rund
- Strasssteine in Kristall, Ø 3 mm
- 1 Strassstein in Blau, 7 x 7 mm
- Bürolocher

Vorlagen 4a+b, Bogen B

Kommunionkerze

1. Aus der lichtblauen Wachsplatte nach Vorlage 4a die Hintergrundfläche zuschneiden. Die Fische aus Wachs in Blau und Lavendel fertigen. Für die Wellen die hellblaue Wachsplatte verwenden.

2. Den Hintergrundstreifen gemäß Abbildung anbringen und mit dem runden 4-mm-Wachsband einrahmen. Anschließend das Kreuz mit dem flachen 1-mm-Wachsband in Silber jeweils vierfach auf der Kerze anlegen. In die Kreuzmitte den blauen Strassstein setzen. Die Fische und Wellen aufsetzen und ebenfalls mit dem 1-mm-Wachsband einfassen. Den Namen mit dem runden 2-mm-Wachsband setzen.

3. Strasssteine als Augen aufsetzen. Die Luftblasen aus der weißen Wachsplatte mit einem Bürolocher stanzen und auf dem Hintergrund verteilt aufsetzen.

Tischkerze

1. 2-mal einen Hintergrundstreifen aus Wachs in Lichtblau auf das Maß 8 x 16 cm zuschneiden und gemäß Abbildung umlaufend auf der Kerze anbringen.

2. Nach Vorlage 4b zwei Quadrate aus weißem Wachs herstellen und auf den Hintergrund setzen. Die Fische aus Wachs in Mint, Lavendel und Blau schneiden und nach Abbildung platzieren.

3. Mit dem runden 3-mm-Wachsband in Silber die Motivteile einfassen sowie Kreuz und Wellen gestalten. Zuletzt die Strasssteine als Augen aufsetzen.

Tipp: Um feingliedrige Verzierungselemente wie Buchstaben oder Verzierwachsstreifen auf die Kerze zu bringen und zu positionieren, empfiehlt es sich, einen Zahnstocher zu Hilfe zu nehmen.

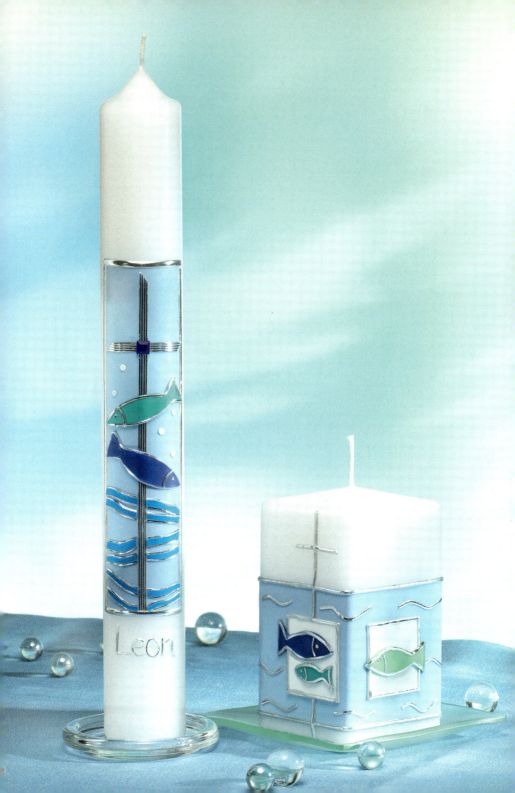

Brot und Wein

Material:

- Grundmaterial (Seite 4)
- Doppelkarte quadratisch in Elfenbein, 155 x 155 mm
- Strukturkarton in Elfenbein
- Wellpappe in Gold
- Motivkarton mit Abendmahlmotiven in Gold
- Fotokarton in Gold, matt und glänzend
- Transparentpapier in Creme
- Lackmalstift in Gold
- Stempel mit verschiedenen Schriftzügen
- transparentes Stempelkissen
- Embossingpulver in Gold
- Stickerbogen „Streifen" und „Ornamente" in Gold
- Abstandsklebepads
- Baumwollkordel in Creme, Ø 2 mm
- Öse in Altsilber, Ø 4 mm
- Ösenwerkzeug

Vorlagen 5a–e, Bogen B

Karten

1. Für die Einladungskarte Wellpappe (3,3 x 15,5 cm) auf Strukturkarton (5,5 x 15,5 cm) und diesen auf die quadratische Karte kleben.

2. Einen Streifen Strukturkarton (3,7 x 15,5 cm) in Embossingtechnik (siehe Seite 4) bestempeln, an den Rändern mit Lackmalstift verzieren und über die Karte legen.

3. Zwei Kreise aus mattiertem Goldkarton (Ø 4 cm) und Strukturkarton (Ø 3,5 cm) erst aufeinander-, dann mit Klebepads auf die Karte kleben.

4. Kreuz und Kelch nach Vorlage 5a+b aus glänzendem Goldkarton fertigen, mit Stickern verzieren und auf die Kreise setzen. Die Abendmahlmotive grob aus Motivkarton zuschneiden und auf der Karte verteilt aufkleben.

5. Für die Menükarte zwei cremefarbene Streifen Transparentpapier (10,5 x 21 cm) aufeinanderlegen. Je einen ebenso großen Streifen Strukturkarton darunter und darüber legen. Prägekarton (9,5 x 20 cm) mittig auf mattierten Goldkarton (9,8 x 20,3 cm) und diesen auf den obersten Streifen Strukturkarton kleben. Die Öse laut Abbildung einfügen, eine Kordel durchziehen und verknoten.

6. Einen Kreis aus Strukturkarton (Ø 6,5 cm) bestempeln, auf einen Kreis aus mattiertem Goldkarton (Ø 7 cm) kleben und mit Klebepads auf der Karte anbringen.

Serviettenring

Strukturkarton (5 x 14 cm), mattierten Goldkarton (4,5 x 14 cm) und Prägekarton (4 x 14 cm) aufeinander- und dann zu einem Ring zusammenkleben.

Geschenkschachtel

Die Schachtel-Teile von der Vorlage 5c+d auf Prägekarton übertragen, ausschneiden, falten und zusammenkleben. Die Henkel durch den Schlitz im Deckel ziehen. Das Schild (Vorlage 5e) aus Strukturkarton zuschneiden, lochen, bestempeln und mit der Kordel am Griff festknoten.

Hoffnung für alle

Material:

- Grundmaterial (Seite 4)
- Doppelkarte B6 in Blau, 170 x 120 mm
- Tischkarte in Blau, 100 x 130 mm
- Tonpapier in Weiß und Gelb
- Fotokarton in Weiß, Sonnengelb und Blau
- Transparentpapier „Regenbogen"
- Stickerbogen „Streifen" in Silber
- verschiedene Klebeschriften und Klebebuchstaben in Silber
- Motivlocher „Sonne", Ø 1,6 cm und 2,6 cm
- Strasssteine in Kristallklar, 3 x 3 mm
- Satinband in Gelb, 3 mm breit
- Baumwollkordel in Gelb, Ø 2 mm
- Abstandsklebepads

1. Für die Einladungskarte den Kartendeckel am rechten offenen Rand um 5,5 cm kürzen. Regenbogen-Transparentpapier (12 x 16,8 cm) auf ebenso großen weißen Karton und dann von unten gegen den gekürzten Kartendeckel kleben.

2. Die Sonne mit dem Motivlocher (Ø 2,6 cm) aus gelbem Karton stanzen und mit einem Klebepad auf das Transparentpapier setzen. Mit Streifenstickern das Kreuz doppelt auflegen und den blauen Kartendeckel gestalten. In die Mitte des Kreuzes einen Strassstein setzen. Klebeschrift ergänzen.

3. Für die Menükarte je 2-mal weißes und gelbes Tonpapier sowie blauen Fotokarton auf 12 x 17 cm zuschneiden. Die Streifen so übereinanderlegen, dass die blauen Zuschnitte die gelben und diese die weißen einschließen. Schließlich das Regenbogen-Transparentpapier (12 x 16,8 cm) auf weißen Karton (10 x 14,8 cm) und diesen auf den oberen Kartonstreifen kleben.

4. Den Rand des Transparentpapiers mit Streifenstickern gestalten. Kreuz und Sonne wie bei der Einladung, Schritt 2 und 3, beschrieben fertigen und auf die Karte kleben. Klebeschrift ergänzen.

5. Die Streifen am oberen Rand mittig lochen, Satinband und Kordel durchziehen und verknoten.

6. Für die Dankeskarte das Regenbogen-Transparentpapier (9,8 x 14,5 cm) auf weißen (10,5 x 15,5 cm) und diesen auf blauen Karton (12 x 17 cm) kleben. Die Karte wie bei der Menükarte beschrieben fertigstellen und die gewünschte Klebeschrift ergänzen.

7. Die blaue Tischkarte zu einem Aufsteller falten. Transparentpapier nach Abbildung auf die Karte legen und entlang der Kontur des Regenbogens nachschneiden. Den Zuschnitt auf weißen Karton (10 x 6,5 cm) und diesen auf den Aufsteller kleben. Die Karte wie oben beschrieben fertigstellen, dabei die Sonne mit dem kleinen Motivlocher ausstanzen.

Abendmahlskelch

Material:
- Grundmaterial (Seite 4)
- Prägekarton in Hellgrün
- Transparentpapier in Grün-Blau-Weiß gestreift und Weiß
- Fotokarton in Weiß und Blau
- Alukarton in Silber
- Tonpapier in Weiß
- Stempel mit verschiedenen Schriftzügen
- schwarzes Stempelkissen
- Fineliner in Schwarz
- Gelliner in Silber
- Stickerbogen „Streifen" in Silber
- Strasssteine in Kristall, Ø 3 mm
- Abstandsklebepads

Vorlagen 6a–c, Bogen B

Karten

1. Für die Einladungskarte (Vorlage 6a) den hellgrünen Prägekarton jeweils 7,5 cm von den beiden Außenkanten gemessen falzen und nach innen falten. Die linke Klappe am rechten offenen Rand um 0,5 cm kürzen und mit einem blauen Kartonstreifen (2 x 21 cm) hinterlegen.

2. Das gestreifte Transparentpapier nach Vorlage zu einem Streifen schneiden, auf einen ebenso großen Streifen weißen Karton und dann auf den Alukarton kleben. Das Ganze wiederum auf der Karte anbringen.

3. Die Teile für den Kelch vom Vorlagenbogen auf die entsprechenden Kartons übertragen, ausschneiden und zusammenfügen. Den blauen Kelchkörper mit Gelliner einfassen und verzieren, dann die Strasssteine aufkleben. Das Kreuz auf der Hostie mit Stickerstreifen legen.

4. Die Motivteile auf die Karte kleben, dabei den blauen Kelchkörper mit Abstandspads auf beiden Klappen der Kartenvorderseite anbringen. Gewünschte Schrift aufstempeln.

5. Für die Menükarte (Vorlage 6b) blauen Karton (21 x 20,5 cm) mittig zu einer Doppelkarte falten. Gemäß Vorlage hellgrünen Prägekarton, weißen Karton sowie gestreiftes Transparentpapier zuschneiden und nacheinander auf die Karte kleben. Das Kelchmotiv wie bei der Einladungskarte, Schritt 3, beschrieben vorbereiten und mit Klebepads auf der Karte platzieren. Gewünschte Schrift aufstempeln.

6. Für die Tischkarte (Vorlage 6c) blauen Karton (10 x 13 cm) zu einem Aufsteller falten. Weißen Karton, gestreiftes Transparentpapier sowie hellgrünes Prägepapier gemäß Vorlage zuschneiden und nacheinander auf den Aufsteller kleben. Das Kelchmotiv wie oben beschrieben vorbereiten und aufkleben. Namensschild zuschneiden, beschriften und mit Klebepads auf der Karte fixieren.

Material:
- Kommunionkerze in Weiß, 400 x 50 mm
- Tischkerze in Weiß, 200 x 70 mm
- Verzierwachsplatten in Weiß, Hellblau, Zartblau, Enzianblau, Hellgrün, Silber matt marmoriert und Metallic-Hellgrün
- 1-mm-Verzierwachsband in Silber, flach
- 1-mm-Verzierwachsband in Hellgrün, rund
- 3-mm-Verzierwachsband in Silber, rund
- Stickerbogen „Buchstaben und Zahlen" in Silber
- Strasssteine in Kristall, Ø 4 mm

Vorlagen 7a+b, Bogen B

Kommunionkerze

1. Aus der metallic-hellgrünen Wachsplatte einen Streifen von 2 x 17 cm und 3 x 17 cm zuschneiden. Aus der weißen Wachsplatte zwei Rechtecke von 5 x 6,5 cm fertigen.

2. Zuerst den breiteren grünen Streifen laut Abbildung auf die Kerze legen und andrücken. Anschließend die beiden Rechtecke und den schmaleren grünen Streifen platzieren.

3. Nach Vorlage 7a oder nach Belieben schmale Streifen in Weiß, Hellgrün und in den verschiedenen Blautönen schneiden. Nacheinander die Streifen im oberen Rechteck der Kerze anlegen.

4. Den Kelch je einmal aus der silberfarbenen und enzianblauen Wachsplatte schneiden. Die Motive dann leicht versetzt im unteren Rechteck einsetzen.

5. Mit dem 3-mm-Wachsband in Silber die Streifen und Rechtecke einfassen. Mit dem 1-mm-Wachsband in Silber zunächst den Kelch umranden und verzieren, dann das Kreuz in der Mitte der weißen Wachshostie auflegen.

6. Mit dem 1-mm-Wachsband in Silber den Namen aufsetzen und mit 3-mm-Wachsband umlaufend unterlegen. Zuletzt die Kreisformen aus grünem Wachsband formen und auf den grünen Rechtecken andrücken.

Tischkerze

1. Aus der weißen Wachsplatte ein Rechteck (6 x 13 cm) schneiden und auf der Kerze platzieren. Nach Vorlage 7b schmale Wachsstreifen 6 cm lang in Grün und in den verschiedenen Blautönen zuschneiden, auf der rechteckigen Platte auflegen und andrücken. Das Ganze mit 3-mm-Wachsband in Silber einfassen.

2. Den Kelch wie bei der Kommunionkerze, Schritt 4–6, beschrieben fertigen und auf der Kerze anbringen. Zusätzlich Strasssteine aufsetzen. Zuletzt mit der Klebeschrift Name und Datum aufsetzen.

Blütenzauber

Material:

- Grundmaterial (Seite 4)
- Struktur-Fotokarton in Flieder
- Prägepapier in Weiß, Pink und Lila
- Tonkarton in Weiß, Rosa, Pink, Lila und Dunkellila
- Tonpapier in Weiß
- Stempel mit verschiedenen Schriftzügen
- Stempelkissen mit Farbverlauf in Lilatönen
- Motivlocher „Blüten", Ø 2,6 cm
- Halbperlen, selbstklebend in Perlmuttweiß
- Chiffonband in Lila, 25 mm breit
- Abstandsklebepads

Vorlagen 8a–h und Schemazeichnung, Bogen C+D

Karten

1. Für die Einladungskarte die Teile der Grundkarte (Vorlagen 8a+b) auf Prägepapier in Weiß, die Einlage (Vorlagen 8a+c) auf Strukturkarton zeichnen. Für die Menükarte den Kartenmantel (Vorlage 8d) auf lilafarbenes Prägepapier, die Einlage für die Menüfolge (Vorlage 8e) auf weißes Tonpapier übertragen. Alle Teile ausschneiden. Bei der Einladungskarte den Einschnitt im Prägepapier ergänzen.

2. Die Zuschnitte ggf. falten, zusammenkleben, ineinanderlegen und fixieren. Bei der Einladungskarte ein Stück Chiffonband mit einfassen, die Enden durch den vorgefertigten Schlitz bzw. unter den Kartendeckel hindurchführen (siehe Schemazeichnung) und zu einer Schleife binden.

3. Für die Menükarte ein Schild aus weißem Tonkarton (3,5 x 7 cm) zuschneiden, den gewünschten Schriftzug aufstempeln und mit Klebepads auf dem Kartendeckel platzieren. Bei der Einladungskarte den Schriftzug direkt auf die Karte stempeln.

4. Mit dem Motivlocher Blüten aus Fotokarton herstellen, mit einer Halbperle versehen und mit Klebestift bzw. Klebepads auf den Karten verteilt fixieren.

Geschenktüte

Vorlage 8f auf das pinkfarbene Prägepapier übertragen, ausschneiden, an den Faltlinien falzen und zusammenkleben. Die beiden Dreiecke nach Vorlage 8g aus weißem Tonkarton bzw. lilafarbenem Prägepapier fertigen, übereinander- und dann auf die Tüte kleben. Dankesschild (2 x 5 cm) mit Blüte herstellen und auf der Tüte fixieren. Die Tüte an der Stirnseite zusammenfassen und mittig lochen. Organzaband durchziehen und zu einer Schleife binden.

Serviettenring

Je einen Streifen von 17 x 6 cm aus lila- und pinkfarbenem Prägepapier nach Vorlage 8h zuschneiden, aufeinanderlegen und zu einem Ring zusammenkleben. Das überstehende Dreieck umknicken und mit einer verzierten Blüte am Ring fixieren.

Aufgehende Sonne

Material:

- Grundmaterial (Seite 4)
- Doppelkarte DIN lang in Weiß, 210 x 210 mm
- Doppelkarte B6 in Weiß, 170 x 120 mm
- Tischkarte in Weiß, 100 x 140 mm
- Tonkarton in Weiß, Türkis und Dunkelblau
- Fotokarton, glänzend, in Silber
- Tonpapier in Weiß und Lichtgrau
- Hologrammfolie in Silber
- Stempel mit verschiedenen Schriftzügen
- transparentes Stempelkissen
- Embossingpulver in Silber
- Gelliner in Silber
- Stickerbogen „Streifen" in Silber
- Lurexkordel in Silber, Ø 2 mm
- Abstandsklebepads
- Strasssteine in Kristallklar, 3 x 3 mm

Vorlagen 9a–c, Bogen B

1. Für die Einladungskarte (Vorlage 9a) aus dem dunkelblauen Tonkarton einen Streifen von 5 x 12 cm und aus dem lichtgrauen Papier einen Streifen von 10 x 12 cm zuschneiden. Beim Papierstreifen zusätzlich eine Längskante mit der Hand wellenförmig reißen.

2. Auf den blauen Karton den gewünschten Schriftzug stempeln und mit der Embossingtechnik (siehe Seite 4) veredeln. Nach dem Trocknen die Papierzuschnitte laut Abbildung oder Vorlage auf die Karte kleben.

3. Nun die restlichen Motivteile von der Vorlage abnehmen und auf die entsprechenden Kartons und Papiere übertragen. Dabei das Kreuzmotiv aus Hologrammfolie fertigen. Die Hinterlegung des Kreuzes und die Sonne aus Fotokarton in Silber herstellen.

4. Danach die Teile mit Klebepads auf die Karte kleben. Die Strahlen der Sonne mit Streifenstickern gestalten. In die Kreuzmitte nach Wunsch Strasssteine setzen.

5. Für die Menükarte (Vorlage 9b) den blauen Karton auf 14 x 21 cm und den türkisfarbenen Karton auf 2 x 21 cm zuschneiden. Die Klappkarte bestempeln. Dann die Papierzuschnitte aufkleben.

6. Die restlichen Motivteile von der Vorlage abnehmen, auf die entsprechenden Kartons und Papiere übertragen und auf die Karte kleben. Dabei das Kreuz direkt mit Klebepads auf dem Kartendeckel platzieren. Laut Abbildung Strasssteine ergänzen.

7. Ein Einlegeblatt aus weißem Tonpapier zuschneiden, mit der Menüfolge beschriften, im Falz der Karte einkleben und mit einer Silberkordel fixieren.

8. Für die Tischkarte blauen Karton auf 4 x 14 cm und graues Papier auf 5 x 14 cm zuschneiden. Den blauen Karton mit Gelliner beschriften. Die Karte wie bei der Einladung beschrieben fertigstellen, dabei nach Vorlage 9c arbeiten. Zum Schluss die Silberkordel anbringen und verknoten.

Kinder Gottes

Material:

- Grundmaterial (Seite 4)
- Doppelkarte B6 in Rot, 120 x 170 mm
- Doppelkarte DIN lang in Rot, 210 x 210 mm
- Tischkarte in Mango, 105 x 130 mm
- Karton A4 in Mango
- Fotokarton in Gelb, Goldgelb, Orange und Rot
- Hologrammfolie in Silber
- Alukarton in Silber
- Motivlocher „Mädchen", Ø 2,6 cm
- verschiedene Klebeschriften in Silber
- Stickerbogen „Streifen" in Silber
- Abstandsklebepads

Vorlagen 10a–c, Bogen B

1. Für die Einladungskarte (Vorlage 10a) aus dem A4-Karton in Mango einen Streifen von 6,5 x 21 cm, aus Hologrammfolie einen Streifen von 7,5 x 21 cm zuschneiden.

2. Das Kreuz aus Alukarton in Silber fertigen. Die Sonne aus goldgelbem Fotokarton herstellen und mit einem etwas größeren Kreis aus Alukarton hinterlegen. Die Kinder jeweils mit dem Motivlocher aus Fotokarton in den gewünschten Farben stanzen.

3. Die Kartonzuschnitte gemäß Abbildung bzw. Vorlage auf der Karte platzieren. Dabei die Sonne und die Kinder mit Klebepads aufsetzen. Das Kreuz und die Strahlen der Sonne mit Streifenstickern auflegen. Zuletzt die Karte mit der gewünschten Klebeschrift verzieren.

4. Für die Menükarte (Vorlage 10b) aus dem A4-Karton in Mango einen Streifen von 6,5 x 16,8 cm, aus Hologrammfolie wiederum einen Streifen von 10,5 x 6 cm zuschneiden und nacheinander auf die Karte kleben.

5. Die restlichen Motivteile von der Vorlage abnehmen, auf die entsprechenden Kartons übertragen und ausschneiden. Den unteren Streifen aus Fotokarton in Orange fertigen. Die Kinder erneut mit dem Motivlocher stanzen.

6. Nun die Motivteile wie bei der Einladung, Schritt 3, beschrieben auf die Karte kleben. Dabei das Kreuz auf den orangefarbenen Streifen platzieren und jeweils nur jedes zweite Kind mit einem Klebepad unterlegen. Als Klebeschrift „Danke" verwenden.

7. Die vorhandene Tischkarte zu einem Aufsteller falten. Die Motivteile von der Vorlage 10c auf die entsprechenden Kartons übertragen, ausschneiden und auf die Karte kleben. Streifen-Sticker aufbringen. Zwei Kinder ausstanzen, aufkleben und die gewünschte Klebeschrift ergänzen.

Material:

- Kommunionkerze
  in Creme,
  400 x 40 mm
- Tischkerze
  in Creme,
  200 x 70 mm
- Verzierwachsplatten
  in Goldgelb, Orange
  und Metallicrot
- 2-mm-Verzier-
  wachsband
  in Silber, rund
- 1-mm-Verzier-
  wachsband in Rot
- Hologramm-
  Verzierwachsplatten
  in Silber
- Motivlocher
  „Mädchen",
  Ø 2,6 cm
- Strasssteine in Rot,
  5 x 5 mm
- Stickerbogen
  „Buchstaben"
  in Silber

Vorlagen 11a+b,
Bogen D

Kommunionkerze

1. Nach Vorlage 11a Quadrate zuschneiden: 2-mal aus goldgelber, 3-mal aus orangefarbener und 1-mal aus metallicroter Wachsplatte. Aus der metallicroten Wachsplatte zudem einen Streifen von 2 x 17 cm fertigen.

2. Laut Vorlage 11a bzw. Abbildung die Wachsteile auf der Kerze anordnen und mit dem 2-mm-Wachsband in Silber einfassen. Die Sonne und das Kreuz ebenfalls mit dem 2-mm-Wachsband auflegen. In die Kreuzmitte einen roten Strassstein eindrücken.

3. Die Kinder mit dem Motivlocher aus den verschiedenen Wachsplatten ausstanzen, dabei vor dem Ausstanzen die Papierschicht auf der Wachsplatte entfernen. Die Motivteile dann auf der Kerze andrücken. Zuletzt den Schriftzug mit Stickerbuchstaben auf dem gelben Streifen platzieren.

Tischkerze

1. Aus der metallicroten Wachsplatte einen Streifen von 3 x 22 cm bzw. 1,5 x 22 cm zuschneiden. Zusätzlich zwei Streifen von 0,5 x 22 cm aus der Hologrammfolie fertigen.

2. Nach Vorlage 11b bzw. Abbildung die Streifen auf der Kerze anordnen und andrücken. Aus der goldgelben Wachsplatte die Sonne schneiden. Das Kreuz mit dem 2-mm-Wachsband in Silber doppelt, die Strahlen einfach auf der Kerze anlegen.

3. Die Kinder mit dem Motivlocher wie bei der Kommunionkerze, Schritt 3, beschrieben ausstanzen und zusammen mit der Sonne auf der Kerze platzieren. Mit dem roten Wachsband den Namen gestalten.

Tipp: Um feingliedrige Verzierungselemente wie Buchstaben oder Verzierwachsstreifen auf die Kerze zu bringen und zu positionieren, einen Zahnstocher zu Hilfe nehmen.

Zart und kräftig

Material:

- Grundmaterial (Seite 4)
- 2 Doppelkarten quadratisch in Türkis, 135 x 135 mm
- Karton A4 in Türkis
- Motiv-Transparentpapier mit Abendmahlmotiven
- Fotokarton in Weiß und Mint
- Feinwellpappe in Weiß und Mint
- Stickerbogen „Zierstreifen"
- Stempel mit verschiedenen Schriftzügen
- Motivstempel mit Abendmahlmotiven
- transparentes Stempelkissen
- Embossingpulver in Silber
- Organzaband in Weiß, 6 mm breit
- Aquarellbuntstifte in Gelb, Mint und Blau
- Lackmalstift in Silber
- transparentes Klebeband

Vorlagen 12a–c, Bogen B

Karten

1. Die Motivteile der Einladungskarte (Vorlage 12a), der Dankes- und Tischkarte (Vorlagen 12b+c) auf die entsprechenden Kartons und Papiere übertragen und ausschneiden. Die Tischkarte aus dem türkisfarbenen A4-Karton 19 x 7,5 cm zuschneiden und zu einem Aufsteller falten.

2. In Embossingtechnik (siehe Seite 4) die gewünschten Motive und Schriftzüge auf die Quadrate bzw. Karten stempeln. Nach dem Trocknen die Motive mit Aquarellbuntstiften kolorieren. Die Tischkarte mit Lackmalstift beschriften.

3. Zunächst die Transparentpapierstreifen mit Sprühkleber auf der Karte anbringen. Dann die Papierzuschnitte gemäß Abbildung bzw. Vorlage aufeinander und schließlich mit Klebepads auf die jeweilige Karte kleben.

4. Die Ränder des Transparentpapiers und der weißen Quadrate mit Zierstreifen hervorheben.

5. Bei der Dankeskarte zusätzlich ein Organzaband umschlingen und seitlich zu einer Schleife binden.

Windlicht

1. Transparentpapier auf 29,6 x 10,5 cm, Feinwellpappe auf 29,6 x 3 cm zuschneiden. Die entstandenen Streifen jeweils 4-mal im Abstand von 6,8 cm falten, zu einem Quader formen, mit transparentem Klebeband oder Klebestift fixieren und ineinander stellen. Den oberen Rand der Windlichtumhüllung mit Zierstreifen betonen.

2. Aus weißem Karton ein Quadrat (3 x 3 cm) herstellen, das gewünschte Motiv aufstempeln, trocknen lassen und mit Aquarellbuntstift in Mint gestalten. Ein etwas größeres Papierquadrat in Mint unterlegen und mit Klebepads auf dem Windlicht platzieren. Zuletzt das Organzaband um das Windlicht binden.

Sie haben Fragen zu Materialien, Anleitungen oder einer Kreativtechnik? Ganz gleich, ob Basteln, Malen oder Handarbeiten: Wir helfen Ihnen weiter!

Schreiben Sie uns,
wir sind für Sie da!

service-hotline@c-verlag.de

Christophorus Verlag GmbH & Co. KG • Leser-Service • Römerstr. 90 • D-79618 Rheinfelden • Fax: 076 23 / 96 46 44 49

Impressum

Entwürfe und Realisation: Sigrid Heinzmann
Fotos und Styling: Angela Francisca Endress, Fotostudio Endress
Redaktion und Lektorat: Franziska Schlesinger
Umschlaggestaltung: Yvonne Rangnitt
Satz: GrafikwerkFreiburg
Reproduktion: Meyle & Müller, Pforzheim
Druck und Verarbeitung: Himmer, Augsburg
Printed in Germany

ISBN 978-3-86673-270-4
Art.-Nr. 2270

© 2009 Christophorus Verlag GmbH & Co. KG, Freiburg
Alle Rechte vorbehalten.

Sämtliche Modelle, Illustrationen und Fotos sind urheberrechtlich geschützt. Jede gewerbliche Nutzung ist untersagt. Dies gilt auch für eine Vervielfältigung bzw. Verbreitung über elektronische Medien.

Verlag und Autorin haben alle Angaben und Anleitungen mit größtmöglicher Sorgfalt zusammengestellt. Dennoch kann bei Fehlern keinerlei Haftung für direkte oder indirekte Folgen übernommen werden.

Die gezeigten Materialien sind zeitlich unverbindlich. Der Verlag übernimmt für Verfügbarkeit keine Gewähr und keine Haftung.

Herstellerverzeichnis

Artoz Papier GmbH, Lenzburg, Schweiz
Glorex GmbH, Rheinfelden
Heyda, Baier & Schneider GmbH & Co. KG, Hagen
HobbyFun GmbH & Co. KG, Michelau
Hobbygross Erler GmbH, Rohrbach
Marianne Hobby, Judenburg, Österreich
KnorrPrandell GmbH, Lichtenfels
Rayher Hobby GmbH, Laupheim
Rössler Papier GmbH & Co. KG, Düren
Ursus Bähr, Kassel